KUNG FU PANDA 2

La voie de la paix intérieure

Du même auteur

- Témoins de lumière - Des aventures ordinaires
- Recueil de l'Être
- Cœur de Framboise à la frantonienne

Suite romanesque : Le livre sacré

- Kumpiy - Le livre sacré - Tome 1 - L'œil et le cobra
- Kumpiy - Le livre sacré - Tome 2 - La confrérie du cobra
- Kumpiy - Le livre sacré - Tome 3 - Tara la guérisseuse

La Collection « de l'œil à l'Être »

- « Kung Fu Panda » et la puissance du « croire »
- « Equilibrium » – Une vie sans émotions
- « La Belle Verte » - Retrouver sa nature
- « Inception » - Rêve, sommeil et manipulation
- « V pour Vendetta » - Vi Veri Veniversum Vivus Vici
- « La jeune fille de l'eau » - Notre vie a un sens
- « Les fils de l'homme » - L'espoir au corps

En savoir plus :
http://www.les-bouquins-d-ygrec.com

Dans la collection
« De l'œil à l'Être »

KUNG FU PANDA 2

La voie de la paix intérieure

YGREC

« Le Code de la propriété intellectuelle interdit les copies ou reproductions destinées à une utilisation collective. Toute représentation ou reproduction intégrale ou partielle faite par quelque procédé que ce soit, sans le consentement de l'auteur ou de ses ayants cause, est illicite et constitue une contrefaçon, aux termes des articles L.335-2 et suivants du Code de la propriété intellectuelle. »

© 2014, . ,Ygrec
Edition : BoD - Books on Demand
12/14 rond-point des Champs Elysées, 75008 Paris
Imprimé par Books on Demand GmbH, Norderstedt, Allemagne
ISBN : 9782322038572
Dépôt légal : octobre 2014

Collection « *de l'œil à l'Etre* »

Il n'est rien d'impossible pour
qui trouve la paix

*****

Le présent …..
Le plus important de tous les temps

Kung Fu Panda 2 – La voie de la paix intérieure

LA COLLECTION
« De l'œil à l'Être »

Lors de mes conversations avec mes lecteurs et mes élèves, lorsque je réponds à leurs questions, oralement ou par écrit, j'ai l'habitude d'illustrer mes propos d'exemples de la vie courante. Je leur propose aussi la lecture de livres. Je leur conseille de regarder certains films. Je leur recommande surtout de lire ou de voir autrement.

Ils sont nombreux ceux qui me demandent, ou qui m'ont demandé, de publier des analyses, sur ce que je présente comme des références, lors de cet apprentissage difficile qui est celui qui mène à soi-même !

La collection « De l'œil à l'Être » devrait répondre aux attentes de certains, et je l'espère, de beaucoup.

Aucun des ouvrages ne constitue une analyse complète, mais chacun peut devenir un outil de développement personnel. Il s'agit d'apprendre à voir autre chose, de chercher un sens différent à ce qui nous entoure. Rappelons-nous que rien n'est caché. Le plus souvent, c'est nous qui ne savons pas voir.

Il est bien évident que ce que j'écris n'engage que moi, et non les auteurs, scénaristes, dessinateurs, producteurs, acteurs, de ces œuvres, qui ont exprimé ce qu'ils souhaitaient exprimer, et nous sommes libres d'apprécier ou pas, de comprendre ou pas, et même, de comprendre différemment. Je n'essaie pas de faire dire ce qui n'a pas voulu être dit, mais je tente simplement de faire passer un ressenti, le mien.

Le texte n'énonce pas des vérités, il a valeur de proposition pour illustrer les nombreuses notions et concepts de la voie spirituelle.

Même si tout n'est pas dit, même si tout n'a pas été saisi, ces auteurs, scénaristes, dessinateurs, producteurs, acteurs, etc.…ont su éveiller la curiosité et l'intérêt, et de cela, je les remercie. Ils doivent savoir que je m'efforce de me conformer à la loi en matière de droits d'auteur, et ne publie aucune photo, aucun texte en intégralité (je me permets toutefois certaines citations courtes), je n'organise aucune projection. Je continue, comme je l'ai toujours fait, de conseiller un livre, un film, etc, dont certaines parties sont, pour moi, de bons exemples à donner, complétant à merveille ceux de mon vécu personnel.
Si quelque chose m'avait échappé, compte tenu de la complexité législative, je leur serais reconnaissante de m'en prévenir et de m'en excuser.

Il ne sera pas inutile de préciser, à l'intention de mes lecteurs, que je n'ai de contrat avec aucun auteur, éditeur ou producteur, etc. J'écris ce que je pense, et cela, toujours dans le même but : aider les autres, et par voie de conséquence, m'aider moi-même.

Chacun des ouvrages de la collection « De l'œil à l'Être » traite d'une œuvre (film, pièce de théâtre, livres etc.). Les titres, les auteurs, les éditeurs, les distributions (lorsqu'il s'agit de cinéma), enfin tout ce qui est nécessaire à une identification exacte sans confusion possible, sont clairement énoncés. Tous les livres de la collection comportent une étude rapide des personnages et de certaines séquences. Ils abordent des sujets ayant un rapport direct avec l'œuvre mais aussi d'autres, dont la suggestion m'a paru intéressante. Nous chercherons ainsi à saisir les situations présentées, à trouver les effets et les causes, pour en tirer un enseignement, pour essayer de nous comprendre et de comprendre les autres. Les sujets généraux seront, à dessein, partiellement traités, et selon l'optique de l'œuvre. Ils trouveront leurs compléments dans un ou d'autres livres. Il est inutile d'aller trop vite.

D'un ouvrage à l'autre, nous retrouverons parfois, à l'identique, les introductions à certains paragraphes. C'est qu'il s'agira d'appréhender le sujet avec les mêmes techniques. D'autres fois, tout sera différent.

La collection « De l'œil à l'Être » existe, non pour imposer un point de vue, encore moins pour extraire des messages que l'auteur a souhaité transmettre (lui seul peut en parler) mais pour proposer des pistes de réflexion, libre à chacun de voir autre chose ou de ne rien voir du tout.

Amis lecteurs ouvrons grands les yeux de l'intérieur et prenons les chemins de l'Être.

INTRODUCTION

Cet ouvrage est consacré au film : « Kung Fu Panda 2 ».

Nous avons étudié « Kung Fu Panda 1 » dans un livre paru en 2009, intitulé Kung Fu Panda et la puissance du « croire », et qui devrait faire l'objet d'une réédition prochaine.

La critique a, en général, bien accueilli ce second film. Même si les avis sont partagés en ce qui concerne l'intrigue, les spectateurs sont nombreux à l'avoir apprécié. Les couleurs, les décors, le graphisme, son côté spectaculaire, les scènes de combat, les prouesses techniques ont ravi les plus petits comme les plus âgés.

Quant à moi, c'est avec plaisir que j'ai retrouvé notre valeureux et sympathique Panda devenu légitimement le guerrier dragon, et ses fidèles compagnons, les talentueux cinq cyclones.

Po passe ici à la deuxième étape de son apprentissage. Il doit apprendre à faire la paix en lui. Trouver la paix intérieure est loin d'être facile, surtout quand il apprend qu'il a été abandonné puis adopté, surtout quand il doit se retourner sur son passé, pour comprendre, pour se libérer de ses peurs, surtout quand il est confronté à l'assassin de ses parents.

Tout comme le premier « Kung Fu Panda », le deuxième épisode des aventures de Po peut nous permettre de progresser. Nous aussi, nous avons l'ambition de cheminer vers la paix intérieure. Pour nous, comme pour Po dans le film, la vie n'est pas toujours tendre, mais elle peut, aussi, être pleine de joie, si nous arrêtons de nous prendre au sérieux, si nous cessons de lutter pour laisser venir. C'est ce que nous conseillerait la divinatrice.

Pour profiter pleinement de ce livre, il est évidemment indispensable d'avoir vu le film au préalable. Si ce n'est pas le cas, il n'y a plus qu'à le refermer. Non seulement il est utile de connaître l'histoire du début à la fin avant de continuer, mais la lecture prématurée de cet ouvrage vous ferait peut-être oublier le spectacle, et ce serait dommage. Car n'oublions pas qu'il s'agit d'abord d'un spectacle à apprécier pleinement en tant que tel. Cependant, et pour tous ceux qui ne pensent pas pouvoir regarder ce film dans l'immédiat, je les invite à lire les chapitres « Comprendre » et « A l'écoute des autres » pour lesquels ils ne devraient pas se sentir perdus. Il est intéressant de regarder une deuxième fois chacun des films étudiés dans la collection, en notant ce qui paraît remarquable, en essayant de cerner les personnages et en repérant les séquences à étudier. Mais, pour cette deuxième projection, chacun fera, après tout, comme il l'entend, comme il le sent. L'important est de se sentir à l'aise en pratiquant ces exercices qui ne doivent pas devenir une torture pour l'esprit, mais un jeu.

SYNOPSIS ET FICHE TECHNIQUE

I - Synopsis

Po est devenu le guerrier dragon. Il doit passer à l'étape suivante : trouver la paix intérieure. C'est alors qu'un nouvel ennemi apparaît, qui, grâce à une arme secrète et redoutable, est bien décidé à se rendre maître de toute la Chine et à détruire le kung-fu. Po devra retrouver son passé pour trouver la force de vaincre le puissant et abominable Seigneur Shen, responsable de l'extermination des pandas.

II - Fiche technique

- Titre original : *Kung Fu Panda 2*
- Réalisation : Jennifer Yuh Nelson
- Scénario : Jonathan Aibel, Glenn Berger
- Musique : Hans Zimmer, John Powell
- Casting : Leslee Feldman
- Production : Melissa Cobb, Guillermo del Toro (producteur exécutif)
- Société de production : DreamWorks Animation
- Société de distribution : Paramount Pictures
- Pays d'origine : États-Unis
- Langue originale : anglais

- Genre : animation
- Durée : 90 minutes
- Dates de sortie : aux États-Unis le 26 mai 2011 et le 15 juin 2011 en France.

III - Distribution

Voix originales

- Jack Black : Po
- Dustin Hoffman : Shifu
- Angelina Jolie : Tigresse
- Jackie Chan : Singe
- Seth Rogen : Mante
- Lucy Liu : Vipère
- David Cross : Grue
- Victor Garber : Maître Rhino
- Dennis Haysbert : Maître Bœuf
- Jean-Claude Van Damme : Maître Croc
- James Hong : M. Ping, le père de Po
- Michelle Yeoh : Divinatrice
- Gary Oldman : Seigneur Shen
- Danny McBride : Chef Loup

Voix françaises

- Manu Payet : Po
- Pierre Arditi : Shifu
- Marie Gillain : Tigresse
- William Coryn : Singe
- Xavier Fagnon : Mante

- Mylène Jampanoï : Vipère
- Tomer Sisley : Grue
- Philippe Peythieu : Maître Rhino
- Paul Borne : Maître Bœuf
- Patrice Baudrier : Maître Croc
- Jean-Baptiste Marcenac : M. Ping, le père de Po
- Jocelyne Darche : Divinatrice
- Bernard Alane : Seigneur Shen
- Gilles Morvan : Chef Loup

IV - Box-office France 2 616 671 entrées

V - Sortie DVD en France : 21 novembre 2012

Kung Fu Panda 2 – La voie de la paix intérieure

LES PERSONNAGES

I - Nous retrouvons certains personnages

PO
Malgré ses progrès spectaculaires dans la pratique du kung fu, Po reste ce panda un peu maladroit, un peu frimeur, et toujours aussi gourmand. Il est maintenant le guerrier dragon, reconnu par les cinq cyclones, par son maître, par toute la vallée, mais il n'en demeure pas moins humble. Il admire toujours autant les combattants que sont ses compagnons, mais aussi les maîtres renommés de la Chine. C'est un être simple et pur, qui vit dans l'instant.

SHIFU
Shifu est toujours un maître exigeant et efficace. Depuis la désignation du guerrier dragon par Oogway, il a su trouver la paix intérieure. Les maîtres continuent à apprendre grâce à leurs élèves. Shifu n'échappe pas à la règle.

TIGRESSE
Elle a toujours la même force et la même puissance. Son courage n'a pas faibli. Elle a toujours, aussi, cette capacité à prendre rapidement des décisions. Dans le premier film, elle refusait

d'admettre la nomination de Po, et elle le rejetait. Depuis, Po a fait ses preuves, et elle lui est totalement dévouée.

SINGE
Nous retrouvons singe, combattant acrobatique, enjoué, enthousiaste et rieur, et très attaché à Po.

MANTE
Le plus petit des cinq cyclones reste le guerrier réactif et précis que nous connaissons, mais d'un caractère pas facile.

VIPÈRE
Elle a gardé le même style élastique et sinueux. La souplesse de son caractère en fait la diplomate du groupe.

GRUE
La puissance de Grue réside dans l'utilisation efficace de ses ailes. Il assume son rôle avec dévouement mais pragmatisme.

M. PING
Il est le père adoptif de Po, un père affectueux, fier de son fils, mais, bien sûr, inquiet. Avouer son adoption à Po est une épreuve difficile.

II - Nouveaux personnages

MAITRE RHINO
<u>Son histoire</u> *(source site officiel http://www.kungfupanda2.fr)* :
Maître Rhino Foudroyant, détenteur du légendaire Marteau des Nuages est le chef bénévole du Conseil du kung-fu qui protège la vaste métropole qu'est la Ville des Sonneurs. Il descend d'une longue lignée de maîtres. C'est maître Rhino Volant, son père, qui l'a formé, et il est devenu légendaire lui-même en massacrant les Dix Mille Serpents de la Vallée du Malheur. En tant que chef du Conseil du Kung-Fu, il est respecté pour sa sagesse, sa bonne humeur et ses bonnes actions.

Nous ne verrons Maître Rhino que le temps de sa première résistance à Shen. Il sera abattu immédiatement avec l'arme redoutable que Shen a mise au point.

MAÎTRE BŒUF
<u>Son histoire</u> *(sources site officiel http://www.kungfupanda2.fr)* :
Maître Bœuf Ravageur est le meilleur élève de Maître Rhino Foudroyant. Lorsqu'il était petit, il laissait ses corvées pour traverser en cachette la Ville des Sonneurs et regarder maître Rhino s'entraîner. Maître Rhino a récompensé l'enthousiasme du jeune Bœuf en lui apprenant le kung-fu. Maître Bœuf a prouvé son talent et son courage en affrontant les 72 bandits de la province de Wing Cho à l'aide de ses seules cornes. Bœuf agit souvent en tête brûlée, qui préfère l'action à la contemplation, ce qui perturbe toujours son vieux maître. Il est néanmoins un

ami loyal et un membre honorable du Conseil du Kung-Fu qui protège les citoyens de la paisible Ville des Sonneurs.

Maître Bœuf, tout comme Maître Croc, refuse de sortir de prison quand Po et les cinq cyclones viennent le délivrer. Le but est de préserver la ville et ses habitants. Il connaît la prédiction, mais il sent que Po n'est pas prêt.

MAÎTRE CROC

Son histoire (source site officiel http://www.kungfupanda2.fr) :
Maître Croc était autrefois le chef du clan des « Bandits Crocodiles Voleurs de Laine » de l'Île aux Crocodiles, une bande de criminels sans pareil. Celui qui osait se mettre en travers de son chemin était aussitôt balayé par son Légendaire Coup de Queue Terrifiant. Jusqu'au jour où il croisa la route de Maître Rhino Foudroyant dont le niveau de Kung-Fu s'avéra supérieur au sien, lors d'un combat mémorable sur les rives du fleuve Wa Su Li. Vaincu, Maître Croc s'attendait à mourir mais le coup fatal ne fut jamais porté. Au lieu de ça, Maître Rhino demanda à Maître Croc d'utiliser son Kung-Fu pour faire le bien. Croc fut si touché par la grandeur d'âme de Rhino, qu'il mit fin sur-le-champ à sa carrière de criminel. Depuis il parcourt la Chine, redressant les torts, protégeant les faibles, et vient s'asseoir à l'occasion aux côtés de Rhino, en tant que membre du Conseil. Croc, fort comme un bœuf, rusé comme un renard, est célèbre pour ses victoires, une des plus fameuses étant celle au cours de laquelle il a réduit au silence les Bandits Blaireaux qui disaient du mal de sa mère.

Maître Croc est le compagnon de cellule de Maître Bœuf. Tout comme lui, il refuse sa libération. Il craint la vengeance de Shen.

DIVINATRICE
Son histoire (source site officiel http://www.kungfupanda2.fr) : La vieille divinatrice a été la conseillère des Paons dirigeants de la ville de Gongmen, pendant toute sa vie. Sage et dotée de pouvoir de prémonition, elle parle par énigmes et divagations, ce qui peut facilement pousser ceux qui n'ont pas conscience de son pouvoir à la dédaigner. Accablée par une sinistre prédiction qu'elle a faite des années auparavant, sa rédemption dépend d'un guerrier fait de noir et de blanc.

La Divinatrice est celle qui détient la connaissance et la sagesse sans combattre. Sa lutte est menée, coûte que coûte, pour faire évoluer ses interlocuteurs vers la connaissance d'eux-mêmes dans un chemin de rectitude.

SEIGNEUR SHEN
Son histoire (source site officiel http://www.kungfupanda2.fr) : Seigneur Shen est hyperintelligent, extrêmement dangereux et dévoré par l'ambition. Persuadé d'avoir été lésé dans le passé, et que le monde lui doit quelque chose, il a l'intention d'anéantir le Kung Fu et de conquérir la Chine grâce à une arme comme le monde n'en a jamais connu.

La soif de pouvoir aveugle Seigneur Shen. Il se croit injustement traité. Il va jusqu'au bout de sa vengeance.

CHEF LOUP

Son Histoire (source site officiel http://www.kungfupanda2.fr) : Le Chef Loup, comme ses frères et sœurs loups, était autrefois gardien du Palais Royal de la Ville des Sonneurs. Le seul membre de la famille royale à sympathiser avec les loups était Shen, frêle héritier albinos du trône de la Ville des Sonneurs. Shen les a nourris, a joué avec eux et les a traités comme des membres de sa famille. Chef Loup est le plus loyal serviteur de Shen, à la fois stratège militaire et bras droit digne de confiance.

Le bras armé de Shen est féroce et redoutable. Sa loyauté envers lui n'ira pas jusqu'à tuer ses frères loups. Il veut la victoire de Shen mais pas à n'importe quel prix.

LES GORILLES

Les gorilles composent la garde personnelle de Shen. C'est un gorille qui transportera Po quand il devra se présenter à Shen.

III - Personnages comparés

PO et SEIGNEUR SHEN

<u>1) Tous deux sont habités par l'ambition.</u>

Pour Shen c'est l'ambition d'abaisser les autres, de régner sur les autres, c'est une ambition matérielle. Shen est narcissique. Il ne peut comprendre le geste de ses parents. Il pense être dans son droit. Son ego maltraité a soif de prendre sa vengeance, de se hisser au plus haut. Shen n'a jamais vécu dans la simplicité. Il ne connaît que l'opulence. Il attend le trône de son père sans se rendre compte que régner est un pouvoir, mais aussi une responsabilité. Même au plus haut de l'échelle sociale, c'est l'humilité qui donne la vraie puissance. Celui qui a le pouvoir a le devoir de « servir ». Shen n'a pas la rigueur morale de ses parents. L'ambition narcissique l'habite depuis toujours.

Pour Po, l'ambition est plus morale, bien qu'elle passe par les combats. Son ego maltraité a soif de compréhension, de connaissance, et de reconnaissance. C'est une ambition mais c'est d'abord un rêve, le rêve de s'accomplir. Au moment où il s'engage pour le Kung Fu, il s'engage à protéger la vallée. Il comprend sa responsabilité. Habitué à vivre dans la simplicité et la rigueur morale, il ne s'en départit pas. Il se met naturellement au service des autres car il est d'une nature simple et pure.

2) Tous deux se mettent en scène.

⸤Shen⸥ se met en scène pour montrer les images de sa puissance. Il a conscience de l'impact des symboles sur les esprits, autant ceux des autres que le sien. Il y réussit souvent, car même si l'aspect théâtral de ses postures n'est qu'un décor cachant ses peurs, au moment où il met en place son jeu, il y croit. Il croit être supérieur, il croit être dans son bon droit, il croit à la victoire parce qu'il pense qu'elle lui est due.

⸤Po⸥, lui aussi, se met en scène, pour cacher ses peurs, pour montrer sa puissance. C'est pourtant une puissance à laquelle il ne croit pas vraiment. C'est pour cela qu'il est souvent ridicule. Il se sent petit devant tous ces Maîtres. Sa véritable puissance réside justement dans cette humilité. Celui qui est humble peut apprendre. C'est quand il est lui-même qu'il est le plus efficace, même si ses démonstrations manquent de grandeur.

3) Tous deux doivent trouver la paix intérieure.

Tous deux doivent comprendre leurs passés, l'un abandonné, l'autre rejeté. Tous deux se sentent abandonnés par leurs parents.

⸤Shen⸥ connaît les événements, mais ne comprend pas le geste de ses parents. Il ne se remet pas en question. Il tire la conclusion que ses parents ne l'aimaient pas. Se croyant injustement traité, il ne voit de guérison que dans la vengeance. Il est dans la haine et l'instinct de mort. Il propose la mort à Po pour le guérir. C'est une façon de tuer sa peur. Il étale sa puissance en armes pour cacher son impuissance à aimer.

Po est dans l'ignorance des faits. Il doute donc de l'amour de ses parents, mais il n'est pas dans le jugement. Shen joue sur cette corde pour le déstabiliser et il jouit de la souffrance qu'il crée chez son adversaire. Po est dans la recherche de la véritable paix et dans l'instinct de vie. Il voudrait se savoir aimé de ses parents, mais il est dans l'amour de son père adoptif, de ses compagnons de combat, de ses Maîtres.

Kung Fu Panda 2 – La voie de la paix intérieure

LES SCÈNES

Les premières images sont celles illustrant **l'histoire des Paons** régnant sur la ville de Gongmen et de leur invention des feux d'artifice. Le fils héritier, le Seigneur Shen comprend le pouvoir terrifiant des feux d'artifice et inquiète ses parents.

La divinatrice lui prédit que s'il s'obstine dans cette voie, il sera vaincu par un guerrier fait de noir et de blanc. Shen décide alors d'exterminer tous les pandas. Il est alors banni de la ville par ses parents.

Shen est un être narcissique. Il suffit pour lui de supprimer le problème. Il s'étonne de la fureur de ses parents. Il se sent incompris, victime d'injustice. La ville lui est promise, et il étendra son pouvoir grâce au côté obscur et destructeur des feux d'artifice.

Retenons une phrase importante : *Shen se mit en tête de changer son destin. Mais ce qu'il fit alors acheva de le sceller.* Nous rejoignons ici la phrase que prononce Maître oogway, dans le premier film, quand Maître Shifu envoie un messager pour doubler la garde de Tai lung : *On rencontre souvent sa destinée sur le chemin qu'on prend pour l'éviter.*

Les portes de la ville se ferment sur Shen.

Aidé par les loups, (1mn46) **Shen travaille à la fabrication d'une arme redoutable** qui va lui permettre de conquérir la Chine entière. Shen envoie les loups à la recherche du métal qui commence à manquer.

Admirons les très belles images aux couleurs rouges, oranges et noires, aux ombres étudiées. Le côté obscur a envahi Seigneur Shen.

Nous voici dans la vallée de la paix (2mn39). Deux enfants admirateurs du guerrier dragon jouent devant le lieu où il s'entraîne. Les exclamations entendues à l'intérieur du bâtiment peuvent faire penser à des exercices intensifs, mais les salles sont vides. Po est en train de gagner son pari de mangeur de brioches, quand tinte une cloche. Maître Shifu appelle Po.

Po se précipite (3mn28) maladroitement et bruyamment comme d'habitude. Là aussi, remarquons les très belles images, mais cette fois-ci de nature paisible, d'eau et de verdure. Maître Shifu essaie de trouver la paix, ce qui interroge Po.

Après une démonstration de maîtrise parfaite, époustouflante pour notre panda (4mn21), Maître **Shifu explique quelle est la prochaine étape de l'apprentissage de Po** : trouver la paix intérieure. C'est une notion abstraite pour son élève. Shifu rappelle aussi comment il y est arrivé lui-même, après la dure épreuve qu'était pour lui la nomination du guerrier dragon. Il en frissonne encore.

Tous les Maîtres doivent parvenir à la paix intérieure. Les moyens pour y arriver sont multiples. Po commence à comprendre, mais son bavardage cache la question qu'il se pose : comment, LUI, peut-il y parvenir ?

La phrase intéressante de ce passage est à analyser. *Quand j'ai réalisé que le problème ne venait pas de toi, mais de moi, j'ai trouvé la paix intérieure, et j'ai pu dompter le flux de l'univers.*
Nous cherchons souvent au dehors, ce qui se trouve à l'intérieur. Nous cherchons des responsabilités extérieures, alors que tout est à comprendre en soi. Même si les événements de nos vies troublent nos esprits, ils n'ont d'importance que celle que nous leur donnons.

Le village des musiciens est attaqué (6mn15). Les loups dépouillent les villageois de tout le métal disponible. Po et Les cinq cyclones interviennent. Plusieurs scènes sont très drôles. Celles de combats sont impressionnantes et se déroulent dans un décor fabuleux, le tout sur une musique tout en percussions et en cordes, avec les instruments des musiciens.

La dernière attaque de Chef Loup sera décisive pour le combat (9mn36). **Le signe que porte l'assaillant provoque chez Po, une vision** de son enfance oubliée. Po perd sa concentration. Il est vaincu et les bandits partent avec leur butin.

Po demande alors des explications à son père (10mn10) dans le restaurant qu'il a transformé en musée du guerrier dragon. Il apprend son adoption, mais Mr Ping n'en sait pas assez pour libérer Po de sa grande question : qui est-il ?

Une phrase intéressante est celle prononcée par Mr Ping : *ton histoire a peut-être eu un début quelque peu tourmenté, mais vois ce qu'elle t'a donné.* La divinatrice aura une réplique similaire quand les souvenirs enfouis de Po réapparaîtront. Elle la complétera par les paroles qu'il sera alors prêt à entendre.

Pendant ce temps, la ville de Gongmen est prise par Seigneur Shen qui tue Maître Rhino (15mn33) d'autant plus facilement qu'il utilise une arme que personne ne connaît.

Maître Shifu annonce la mort de Maître Rhino (17mn56). Il redoute la fin du Kung Fu si Shen n'est pas arrêté. Po et les cinq cyclones doivent partir, mais Po se demande comment vaincre cette arme. Retenons la Phrase : *rappelle-toi Guerrier Dragon, il n'est rien d'impossible pour qui trouve la paix.* Ici, Shifu ne s'adresse plus à son élève, mais au Guerrier Dragon.

Les combattants sont arrêtés par Mr Ping qui tente de retenir Po bien qu'il lui ait préparé son paquetage.

Nous suivons le voyage de Po et de ses amis (20mn29) pendant que Shen continue la fabrication de ses armes. Nous voyons successivement les personnages qui doivent s'affronter, les uns avançant, l'autre se préparant à envahir la Chine, sur des très belles couleurs qui s'opposent, comme s'opposent les intentions de chacun.

Sur la dernière portion du voyage, **nos combattants dorment dans un bateau** (21mn42). Po fait des cauchemars. Il ne peut trouver la paix intérieure. Il avoue son adoption aux cinq, mais essaie de cacher son trouble. Mais la ville de Gongmen est en vue.

Pendant ce temps, **Shen décide de la date de son départ** pour l'invasion de la Chine (25mn36). Il jette le trône de son père et y place son canon.

Il consulte la divinatrice. Même quand elle semble divaguer, la divinatrice délivre son message. Elle finit les phrases de Shen, ce qui, bien entendu l'agace. Elle renouvelle sa prédiction : Shen sera vaincu par un guerrier fait de noir et de blanc. L'image qui apparaît dans la fumée du bol divinatoire est le symbole du yin et du yang.

Alors que Shen croyait avoir exterminé les pandas, Chef Loup lui annonce qu'il en reste un. Une phrase intéressante est prononcée par la divinatrice : *Le présent ... Le plus important de tous les temps.*

Po et ses amis arrivent dans la ville de Gongmen (28mn43). La ville grouille de loups. Le mode camouflage de Po laisse à désirer. Les scènes sont très drôles. Un mouton leur apprend que Maître Bœuf et Maître Croc sont vivants mais prisonniers. Commence alors la première poursuite. Ils arrivent à échapper à leurs ennemis.

Po et les cinq cyclones entrent dans la prison (32mn45). Mais Maître Bœuf et Maître Croc refusent la liberté. Ils craignent que Shen se retourne contre la ville et ses habitants. Po n'est pas prêt et ils le sentent. Pour eux, le Kung Fu est mort. Cette affirmation met Po en colère. Chef Loup survient alors, mais il est seul et s'enfuit.

Commence alors la deuxième poursuite (35mn37). C'est un passage très amusant mais qui finit mal. Po et ses amis sont capturés.

Shen attend Po (39mn03). Il prépare sa mise en scène. La divinatrice lui fait comprendre qu'il a peur. Po et les cinq cyclones sont amenés vers le palais. Ils passent devant le marteau de Maître Rhino. Il reste à monter l'immense escalier, *le vieil ennemi* de Po.

Po va se présenter devant Shen (40mn24). Le passage est comique surtout la scène de l'arrivée de Po au sommet de l'escalier. Le Paon tremble sans le montrer.
Po arrive, épuisé mais décontracté, sur le dos d'un gorille. Shen est décontenancé. La divinatrice l'ausculte sous toutes les coutures.

Ne sachant pas à quoi s'attendre, Po croit avoir trouvé l'arme et ne détruit que sa reproduction. La véritable arme est pourtant devant lui, si grande qu'il ne peut la voir.

Dans cette scène, Shen et la divinatrice s'étonnent : Po ne vient pas se venger. Ils s'aperçoivent qu'il ne sait rien de son histoire, rien de l'extermination des pandas.

Shen donne l'ordre de tirer sur les prisonniers avec l'énorme canon (43mn11). Rien ne se déclenche car la flamme est éteinte par un double de Mante. Les prisonniers arrivent à se libérer et détruisent le canon. Po se jette sur le paon, mais la vue du dessin de ses ailes le replonge dans son passé. Shen s'enfuit.

L'arme détruite n'était pas la seule dont disposait Shen. Il fait tirer sur la tour (44mn37). Mais Po et les cinq grimpent au sommet du palais et s'enfuient. Shen donne l'ordre de préparer les bateaux et de rassembler les loups.

Po et ses compagnons arrivent à la prison (47mn53). Po subit les reproches de Maître Bœuf et de ses compagnons. Tigresse intime l'ordre à Po de ne pas les suivre. Il refuse et se bat, mais vaincu il avoue avoir perdu sa concentration après ses visions du passé. Les cinq cyclones partent.

Pendant ce temps, **Shen assiste aux derniers préparatifs.** La divinatrice tente une dernière fois de le raisonner sans succès. Shen la libère. Elle ne lui est plus utile. Elle lui souhaite le bonheur. *Le bonheur ? Ca se prend de force* lui répond-il.

Les cinq cyclones décident de faire sauter le dépôt d'armes avec des explosifs (51mn58).
De son côté, Po s'est introduit dans la bâtisse. Il s'oppose encore à Shen qui lui refuse la vérité et qui profite de son ignorance des faits pour affaiblir son mental.

Les cinq cyclones abandonnent leur projet d'explosion et viennent au secours de Po. Po continue de poursuivre Shen qui le mène vers un canon et tire.

Dans la vallée de la paix, Maître Shifu sent l'attaque mortelle.

Po dérive, blessé grièvement. Il **se réveille chez la divinatrice** dans le village où il est né. (56mn40). Elle l'a soigné. Elle l'aide à se rappeler de son passé pour se libérer.

Rappelons-nous cette phrase : *cesse de lutter, laisse venir*. Puis, quand les souvenirs seront revenus, elle prononcera la même phrase que Mr Ping en la complétant : *ton histoire a peut-être eu un début quelque peu tourmenté, mais cela ne fait pas de toi ce que tu es. Seul compte la suite de ton histoire, qui tu choisis d'être.*

Les cinq cyclones sont prisonniers (62mn34). **Po apparait sur un toit**. Il menace Shen qui n'entend rien. Shen ordonne de tirer une nouvelle fois sur lui avec un canon. Po bouge sans arrêt et n'est pas une cible facile. Il se dirige petit à petit vers les prisonniers qu'il va libérer. Maître Bœuf, Maître Croc et Maître Shifu viennent renforcer l'équipe. Ils tentent ensemble de bloquer la sortie du port. Shen tue Chef Loup qui refuse de tirer sur les siens. Il utilise le canon à sa place, libérant le passage et jetant ses adversaires au loin.

Le désespoir est à son comble parmi les combattants (68mn57). **Po monte sur les débris d'un bateau et se dresse devant son adversaire**. Shen ordonne de tirer pour en finir. Po a trouvé la paix intérieure et tout lui est possible. Il renvoie les boulets des canons à leur expéditeur et détruit le bateau de Shen.

Po et Shen doivent encore s'affronter car **Shen n'abandonne pas** (72mn). Po évite les coups, et Shen finit par déstabiliser le canon qui s'écrase sur lui et explose. Po est fêté par ses amis, puis, plus tard par son père adoptif qui ne perd pas le sens du commerce.

La dernière image montrant une communauté de pandas, dont un s'exclame que son fils est vivant laisse présager un troisième film.

COMPRENDRE

Un film, un livre, une pièce de théâtre, une conversation, même seulement entendue au passage, une rencontre, même quand elle est brève, un papillon qui passe, un bourgeon sur un arbre, un oiseau qui se pose, tout peut nous permettre d'apprendre. Il s'agit d'ouvrir les yeux et de voir avec l'œil intérieur.

Ce chapitre a pour but de récapituler quelques éléments qui pourraient nous permettre de progresser dans notre recherche de nous-mêmes.

Évidemment, nous ne pouvons pas tout voir, ni tout expliquer, mais essayons de voir l'essentiel.

Il ne suffira pas seulement de repérer ce qui est important. Il ne suffira pas seulement de lire les messages, mais de les faire nôtres.

Cherchons en nous ce qui nous rapproche des personnages. Voyons où et quand leurs erreurs sont souvent les nôtres. Ne nous cachons pas que les situations présentées se rapprochent parfois de celles que nous avons vécues ou que nous vivons.

Soyons clairs avec nous-mêmes, sans condamnation ni indulgence, sans jugement.

C'est ainsi que nous progresserons. C'est ainsi que notre vécu deviendra expérience.

Il ne s'agit pas de considérer la projection d'un film, la lecture d'un livre, comme une expérience en tant que telle, mais de comprendre comment elle peut éclairer les actes incompris (totalement ou partiellement) de notre existence.

Rappelons-nous que notre cerveau ne classe, dans le tiroir « expérience acquise » que ce qui est vraiment intégré.

I - Trouver la paix

Po trouve la paix chez la divinatrice. Nous pourrions tirer la conclusion qu'il trouve la paix quand il se remémore son passé et qu'il comprend qu'il était aimé de ses parents.

Pourtant, ce n'est pas tout à fait exact.

Regardez attentivement la scène où il se réveille chcz la divinatrice (56mn40). Elle est admirablement faite, et il serait dommage de passer rapidement dessus.

Trouver la paix est souvent un long processus. Retrouver son passé aide Po à faire la paix en lui, certes. Pourtant, à un moment donné de sa quête, il est obligé de faire la paix en lui pour retrouver toute la vérité. Car cette vérité lui fait peur. C'est pour cela qu'il lutte. Il a peur de découvrir que ses parents ne l'aimaient pas. Shen joue d'ailleurs habilement sur cette peur pour le vaincre.

Guérir les traumatismes de nos existences peut nous aider à trouver la paix parce que ces traumatismes sont des obstacles à notre compréhension de nous-mêmes et des autres. Ces traumatismes contaminent notre présent. Cette paix est fragile. Le chemin vers soi est encore long.

La solution est là : connais-toi toi-même.

Nous verrons, grâce au film, quelques étapes pour y parvenir.

II - L'illusion du contrôle.

Dans la présentation de l'histoire racontée dans le film, la narratrice explique :
Shen se mit en tête de changer son destin. Mais ce qu'il fit alors acheva de le sceller.
L'attitude de Shen nous rappelle les recommandations d'Oogway à Shifu : se libérer de l'illusion de contrôle. En nous incarnant, nous avons tous un projet de vie. Tout se met en place pour que nous réalisions ce projet. Quand cela passe par des difficultés ou des échecs, l'ego se rebelle et veut prendre le contrôle. En réalité il n'y parvient pas, mais il nous fera entrer dans l'aveuglement pour nous persuader qu'il a réussi.
Nous devons apprendre à écouter l'Être intérieur avant notre ego pour réaliser notre projet de vie dans les meilleures conditions.

Ici Shen ne change pas son destin, il change peut-être la façon dont il va se réaliser, mais pas plus. Il dira à la divinatrice : *Le bonheur ça se prend de force*. Son ego a décidé que le bonheur passait par la domination de la Chine et la destruction du Kung Fu.

III - Le bonheur ça se prend de force.

Pour beaucoup d'entre nous, être heureux consiste, comme chez Shen, mais dans une moindre mesure bien sûr, à posséder, à dominer. Le bonheur c'est avoir, et nous oublions l'Être. Nous sommes contaminés par une société où le formatage du plus grand nombre sert une minorité de puissants. Il faut posséder toujours plus, et faire toujours plus.

Celui qui veut sortir du système est pris, au mieux pour un original, au pire pour un fou. Il ne lui reste plus qu'à essayer de convaincre que nous avons bien plus que nécessaire, que ce que nous sommes est loin de ce que nous paraissons, que le bonheur ne s'achète pas ni ne se prend de force. Il est un état d'Être.

Être est un mot qui a été vidé de sa substance, comme les mots amour, don et bonheur. Redonnons-lui un sens.

IV - Le problème vient de moi

Maître Shifu explique à Po : *Quand j'ai réalisé que le problème ne venait pas de toi, mais de moi, j'ai trouvé la paix intérieure.*

Dans le premier film Maître Shifu s'obstine à ne pas voir en Po le guerrier Dragon, car il ne correspond pas aux normes établies pour un Maître du Kung Fu. Maître Shifu était victime de son ego qui l'empêchait de sortir du chemin balisé. Il était aveuglé par sa peur de voir Tai Lung être vainqueur, Tai Lung qu'il a lui-même formé, et à qui il a donné sa puissance.

C'est quand **il cesse de lutter**, qu'il **laisse venir**, qu'il réalise qu'il doit s'adapter à la personnalité de Po pour le rendre capable de battre Tai Lung. Shifu donnera alors le meilleur de lui-même, marchant d'abord vers la victoire, puis vers la paix intérieure.

Dans le deuxième film, Shen, absorbé par sa vengeance, ne se remet jamais en question. Ce sont ses parents qui n'ont rien compris. C'est la faute des artilleurs si Po et les cinq cyclones ne sont pas morts dans la tour, etc.

Il en est de même pour nous, et nous ne nous en rendons pas toujours compte. Rejeter la responsabilité sur l'autre est la plus pratique des solutions. Quand l'idée de notre responsabilité passe au conscient, nous avons tendance à basculer dans la culpabilité. C'est ainsi que nous passons du noir au blanc, de la victimisation à la culpabilité, du négatif au positif, etc.

V - Le Yin et le Yang

Nous connaissons tous le symbole du Yin et Yang. Le Yin représente le féminin, le noir, la nuit, la lune, le vide, le froid, le positif, etc. Le Yang représente le masculin, le jour, le soleil, la droite, la chaleur, le négatif, etc.

C'est ce symbole que Shen voit lors de la prédiction de la divinatrice. Cette scène nous dévoile qu'un panda sera à l'origine de l'échec de Shen, mais un panda qui aura su faire la paix en lui, qui aura su trouver le précieux équilibre.

C'est ce symbole qui apparaît quand Po renvoie les boulets de canon. Shen pourrait rompre l'équilibre de l'univers, mais Po lutte pour le maintenir. Shen et Po sont deux minuscules particules qui s'opposent et se complètent à la fois. Chacun suit sa destinée, chacun a ses motivations personnelles, et chacun participe, à son insu, au maintien de l'harmonie.

Il est utile de comprendre que le Yin et le Yang ne peuvent pas être séparés, ce ne sont pas des entités distinctes.

Nous avons tendance à tout opposer : le bien et le mal, la paix et la guerre, le beau et le laid, le grand et le petit, le féminin et le masculin, etc.
Chaque notion est différente de l'autre. Notre intellect a besoin de les opposer pour mieux les comprendre parce que l'intellect a besoin de classement et de simplification. C'est ainsi que l'ego a inventé la norme et la hiérarchie.

Pourtant, chacune est liée à l'autre. Aucune n'existerait sans l'autre. Toutes dépendent de la perception que nous en avons. Shen voit le bien dans la conquête de la Chine. Po y voit le mal. La température est haute ou basse selon le pays où nous vivons. La notion toute relative du beau n'a de sens que parce que celle, tout aussi relative, du laid, existe.

Nous ne prenons jamais assez de recul, ou de hauteur. Nous ne voyons toujours les choses que par rapport à un petit moi bien protégé par une multitude de barrières, des barrières posées par un ego qui a pris le pouvoir.

VI – L'emprise de l'ego

L'ego doit être l'intermédiaire entre l'Être profond et le corps. Le corps est un véhicule qui permet à cet Être profond d'augmenter ses connaissances grâce à l'expérience. L'ego doit être un gardien et en même temps celui qui permet l'apprentissage. C'est une tâche difficile. L'ego n'est pas notre ennemi, c'est un ami qui en fait parfois trop ou pas assez. La confiance que nous mettons en lui tourne vite à l'abus de pouvoir, et nous ne sommes plus maîtres à bord.

Nous débarrasser de l'emprise de l'ego est essentiel. Nous croyons être ce corps que nous habitons seulement. Nous nous identifions à lui. Nous croyons être ce cerveau. Mais ce cerveau et ce corps sont censés être à notre service. C'est comme si nous nous équipions d'un robot afin qu'il s'acquitte pour nous des tâches difficiles, et que ce robot se mette à prendre des décisions à notre place.

La société dans laquelle nous vivons flatte nos ego, favorise nos instincts les plus bas pour nous faire accepter cet esclavage, tout en nous faisant croire que nous avons gardé notre liberté. Elle glorifie l'apparence pour mieux nous manipuler. Elle joue sur nos peurs pour nous faire aimer notre enfermement, et nous finissons par être demandeurs de verrous supplémentaires, au grand plaisir de la poignée de puissants qui nous exploitent.

Il faut chercher alors en nous l'origine de notre apathie face à cet ego dominateur. Elle découle de nos peurs.

Po a peur de découvrir qu'il n'est pas aimé de ses parents, il a peur de revivre les images traumatisantes de l'attaque des loups, il a peur de décevoir ses amis, peur de ne pas être un bon combattant.
Shen a peur de perdre son rang, son autorité. Il a peur d'être vaincu par ce guerrier fait de noir et de blanc.

|Mr Ping| a peur de perdre son fils, peur d'être abandonné par lui puisqu'il n'est que son père adoptif.

|Tigresse| a peur de perdre Po puisque son traumatisme lui fait perdre sa concentration.

Comme pour Po, une de nos grandes peurs reste celle de ne pas être aimé, de ne pas être aimable. Nous doutons de nous, nous ne nous aimons pas. Nous avons toujours besoin de preuves d'amour reçu, et nous entrons dans l'interprétation.

Pourtant, la peur qui dépasse toutes les autres est la peur d'aimer, donc de souffrir, donc de perdre ce que nous aimons, etc. Aimer, avec un petit « a », est entaché de l'empreinte de l'ego.

Nous nous trompons de quête. Notre grande quête doit être celle d'Aimer avec un grand « A ». Cet amour-là donne la liberté.
Les gestes d'Amour avec un grand « A » sont souvent mal compris. Mr Ping démontre plus d'amour pour son fils quand il le laisse partir, que quand il le retient.

VII – Le fleuve intarissable de nos pensées

Notre cerveau est une magnifique machine à penser.

Arriver à nous rendre compte que nos pensées nous envahissent, que nous pensons sans arrêt, que nous nous posons des questions inutiles, que le « petit vélo » tourne toujours plus vite, est une première étape indispensable.

Stopper les pensées brusquement ne sert à rien, mieux vaut les laisser venir, et les laisser passer, sans les alimenter jusqu'à ce que la source se tarisse.

Une autre méthode consiste à se focaliser sur une seule pensée ou un objet. On peut aussi repérer les pensées négatives puis les remplacer par des pensées positives.

C'est loin d'être facile. L'ego n'aime pas du tout qu'on le fasse taire.
Tout cela peut se pratiquer pendant la méditation, mais la pratique d'un violon d'Ingres peut être aussi efficace.

Toutes les méthodes sont bonnes du moment qu'elles nous conviennent.

C'est en observant nos pensées que nous pouvons nous apercevoir qu'elles ont le plus souvent pour objet le passé ou l'avenir.

VII - Le présent, le plus important de tous les temps.

Nous oublions de vivre le présent. C'est pourtant le seul moment que nous pouvons vivre pleinement. Rappelons-nous, dans le premier Kung Fu Panda, l'enseignement d'Oogway : *Hier est l'histoire, demain est un mystère, mais aujourd'hui est un cadeau. C'est pour ça que cela s'appelle le présent.*

Shen ne vit pas dans le présent. Il ne vit que pour réaliser un futur qu'il s'est construit : conquérir la Chine, détruire le Kung

Fu. Il n'a imaginé ce futur que pour se guérir de son passé, un passé qu'il n'a pas compris parce qu'il ne doute pas une minute du bien fondé des actes de sa jeunesse. Il dira à la divinatrice : *les morts appartiennent au passé et je dois me concentrer sur l'avenir.*

Po sait vivre dans le présent, il ne prend que des décisions immédiates sans penser à l'après (voir la scène où Tigresse demande à Po quel est son plan. Mais Po décide dans l'instant) Pourtant, pour Po, le passé est refoulé dans son inconscient, revenant par bribes dans ses visions et dans ses rêves. Savoir ce qui s'est passé va lui permettre de trouver la paix, car ce passé contamine son présent.

La divinatrice va lui permettre de laisser le passé à sa place pour vivre à nouveau pleinement dans l'instant.

VIII - Cela ne fait pas de toi ce que tu es.

C'est ce que dit la divinatrice à Po quand il retrouve la mémoire de son passé. Elle rajoutera : *Seul compte la suite de ton histoire, qui tu choisis d'être.*

Lors d'événements douloureux ou tragiques, chacun réagira différemment. Les mêmes chocs ne produisent pas les mêmes effets. L'événement en lui-même n'est « rien », c'est la façon dont on le perçoit et dont on le gère qui détermine tout.

Quand une maladie s'abat sur une personne d'un naturel battant, la guérison est plus certaine que si elle touche une personne qui ne l'est pas.

Ainsi, quand la divinatrice prononce cette phrase, Po se rappelle du temps qui a suivi son adoption par Mr Ping. Il ne voit que les moments positifs. Il ne voit pas les découragements, les questionnements, les brimades. Il a déjà tout pardonné. Il est d'un naturel optimiste, mais surtout, la méchanceté et l'égoïsme lui sont aussi étrangers que la minceur. Quand il repart au combat, ce n'est pas dans un esprit de vengeance. Il va assumer sa mission, sauver le Kung Fu et sauver la Chine. Sur le bateau détruit par le boulet qu'il a renvoyé, il ne cherche pas à tuer Shen, il lui dit, maladroitement certes, ce qu'il doit entendre pour se guérir de la haine qu'il a dans le cœur. Il se défendra lorsque Shen l'attaquera de nouveau, mais Shen mourra écrasé par sa propre arme.

À L'ÉCOUTE DES AUTRES

Chacun de nous est, un jour ou l'autre, confronté au problème de devoir aider quelqu'un (ami, collègue, voisin, simple connaissance). Certains d'entre nous font partie d'associations et apportent leur soutien aux autres quotidiennement.

Vous conseillerez bien sûr la consultation d'un médecin ou d'un psychologue à la personne que vous souhaitez aider, mais vous pourrez vous rendre compte que cela convient, ou suffit, à certains, mais pas à d'autres. Ceux à qui cela ne convient pas ont surtout besoin d'écoute.

Cette rubrique a pour but de soulever certains problèmes que nous pouvons rencontrer dans nos relations à l'autre qu'elles soient amicales, ou professionnelles, bénévoles ou rémunérées. Les lignes qui suivent donnent des pistes que vous êtes libres de suivre ou pas. Ce ne sont que des pistes, vous devez faire confiance à votre intuition.

Vous vous retrouverez devant des cas identiques, mais aussi devant d'autres, ayant l'apparence de la similitude dans leurs effets, mais qui se révéleront profondément différents dans leurs causes. Le but étant de soigner les causes, les méthodes vont varier. Faites-vous confiance tout en ayant un œil sur votre ego. L'ego est comme un enfant capricieux qui cherche à avoir le dernier mot. Il vous soufflera que vous connaissez déjà ce cas, que ce sera facile, et quelques fois même, que vous êtes le meilleur. Parfois aussi, il vous dira que vous ne trouverez jamais, et que vous êtes nul. Vous devez bien entendu, ne pas oublier ce que vous connaissez, mais tout doit être bien rangé dans un tiroir entrouvert, prêt à être ressorti. Vous devez toujours considérer le cas que vous avez devant vous comme inédit. C'est ainsi que vous éviterez les erreurs d'appréciation. Vous devez savoir que vous ne savez rien, même si votre ego vous dit que vous savez tout.

Essayez de comprendre la personne que vous avez devant vous. Faites-le, pour elle, et à travers elle. Devenez empathique et vous trouverez ce qu'il faut dire, vous entendrez ce qui se cache derrière ses mots à elle, derrière ses silences, ses larmes et ses rires. Souvenez-vous que cette personne est un autre vous-même. Si elle éprouve des émotions, vous en éprouvez aussi, et si vous sentez les siennes, elle sent aussi les vôtres.
Si vous essayez de guérir, de soigner, alors ce sera l'échec ou la semi-réussite. Guérir ou soigner vient toujours en second. C'est le résultat de votre empathie. Chaque fois que vous voulez guérir ou soigner pour faire le bien, vous êtes dans l'ego, car nul ne sait où sont le bien et le mal.
Quand vous êtes dans la compassion (je n'ai pas dit la pitié), vous laissez l'autre choisir sa voie, vous l'aidez à ouvrir, chez elle, le passage qui lie le corps et l'esprit.
Profitez de ce travail pour progresser vous-même. Quand le patient est parti, demandez-vous ce qu'il vous a donné, ce qu'il vous a appris de vous-même, ce qu'il vous a permis de comprendre et peut-être même ce qu'il a guéri en vous. Quand le travail devient échange, il est doublement réussi.

I - Traumatismes

Tout comme Po, certaines personnes ont pu subir des chocs violents et/ou répétés. Leur souvenir s'est parfois effacé de la conscience, totalement ou partiellement, mais reste prisonnier de l'inconscient. Cette réaction s'explique par la simple sauvegarde de l'individu. Pour certaines personnes, l'amnésie leur a évité la folie.

En règle générale, l'oubli partiel ou total advient chez les personnes qui n'ont pas pu réagir lors de l'événement. Cependant, même sans amnésie, la gravité du traumatisme est liée au sentiment d'impuissance. Quand il n'y a pas de fuite, ni de combat possible, le stress accumulé va alors s'installer, mais essayer de se libérer. La personne ressent au moins des malaises, va faire des cauchemars, aura des phobies, pourra être victime d'accidents ou de maladies, se verra incapable d'assumer sa vie.

Quand un patient se présente, et si vous n'avez pas de compétence particulière, vous devez rester à votre place, et votre place est celle de celui qui écoute, mais surtout qui entend. La proposition de consulter un spécialiste est évidente.

Parfois il y consent mais tient à vous rencontrer tout de même. Dans ce cas, le travail consistera à compléter en douceur celui du praticien qui doit rester maître de la situation. Il s'agira seulement de lui faire exprimer ce qu'il a ressenti.

Parfois il ne voudra pas consulter. Il ne reste plus alors qu'à ouvrir son cœur et essayer d'aider cette personne. Mais voilà ! Comment !

Plusieurs cas se présenteront, et pour chacun d'eux il faut toujours avoir à l'esprit que ce qui fait le traumatisme c'est l'émotion qu'a suscitée l'événement, une émotion qui n'a pas été évacuée et qui alimente un stress. Chacun réagit différemment, et il faut se méfier des conclusions hâtives.

1) Le choc peut être clairement identifiable sans perte de mémoire.

C'est par exemple, un accident, une rupture, un deuil, etc.

Certains auront commencé un travail sur eux-mêmes, d'autres s'arrêteront à l'événement. Ils vous diront, par exemple, je suis malade depuis mon accident. Le choc est identifié, mais ils auront tendance à faire un raccourci pour se dissimuler leur émotion, pour ne pas paraître faible. Il faut être fort, il faut faire face. Ils exercent quelque fois un contrôle total sur eux-mêmes, et se coupent complètement de l'être profond, de la part en eux qui saigne.

Quand le patient se rappelle ce qui s'est passé, on essaiera de lui faire raconter son histoire, bien sûr, mais il faut tout d'abord le mettre en confiance, le libérer du regard de l'autre. Vous devez être un autre lui-même. Il suffit parfois de parler de soi, ou d'un sujet d'actualité, seulement quelques minutes, juste le temps de le soulager du poids qu'il porte, car il porte sa souffrance en lui. Elle devient une part de lui-même. Pendant ces quelques minutes, il n'est plus le point de mire, il engage une conversation. Il oublie qu'il est venu vous voir pour être aidé. Vous devenez une connaissance avec qui on peut parler. Peu à peu vous aller devenir la personne à qui on peut tout dire. C'est une autre façon de lui dire : *cesse de lutter laisse venir.*

Il faudra ensuite le pousser à séparer l'incident de l'émotion. Le point de départ est un choc associé à un ressenti, mais c'est ressentir à nouveau qui permet la guérison, à condition de l'isoler de l'événement. C'est pour cela que vous devez toujours le maintenir dans l'expression de l'émotion ressentie, en l'éloignant le plus possible de l'incident.

L'éloigner de l'incident consistera à le faire revenir au corps d'aujourd'hui. Il doit déposer la charge. Il doit lâcher la personne qu'il était avant. Il doit comprendre que pour se guérir, il ne doit plus vivre l'événement de l'intérieur comme s'il appartenait au présent. Observez bien votre interlocuteur, vous vous apercevrez que son intellect sait que l'événement appartient au passé, mais qu'il le vit avec les vibrations du présent. Il s'agit de placer définitivement l'événement dans les souvenirs.

Le traumatisme peut permettre un bouleversement de notre vision du monde et de la vie, une modification de notre perception des autres et celle que nous avons de nous-mêmes. Se libérer pour grandir c'est se tourner vers l'inconnu. Il y a donc une résistance logique de l'ego, comme un réflexe de survie, qu'il faut comprendre, pour mieux s'en défaire d'abord, pour mieux évoluer ensuite.

2) Le choc peut être clairement identifiable avec perte de mémoire.

L'événement est identifiable, soit par les personnes elles-mêmes, soit par les témoins. Ce qui s'est passé avant, et/ou après, et/ou pendant, est oublié. C'est le cas, par exemple, des personnes qui se réveillent à l'hôpital et qui ignorent parfois, qu'elles ont eu un accident. L'événement a disparu, partiellement ou totalement. Ce dont elles se rappellent arrive par bribes et se mêle parfois à ce qui leur a été raconté.

Quand le patient ne se rappelle de rien, ou ne se rappelle pas de tout, c'est un peu plus compliqué.

Nous resterons sur l'émotion. Il faudra l'aider à exprimer ce qu'il ressent. Les mots qu'il prononce sont très importants. C'est eux qui nous mettent sur la piste d'une libération.

Il faudra bien entendu procéder comme décrit au précédent paragraphe : le mettre en confiance en devenant un autre lui-même, en entrant en empathie, tenter d'isoler l'émotion de l'événement, ne pas s'accrocher à cet événement, ici, ne pas s'accrocher à l'amnésie, l'aider à revenir au présent, l'aider à lâcher l'événement qui doit appartenir aux souvenirs, parfois l'aider à comprendre qu'il doit pardonner, ou qu'il doit se réconcilier avec lui-même selon le cas.

Il arrive que la mémoire revienne spontanément juste en libérant l'émotion. C'est là qu'il faut être très présent.

3) Le choc n'est pas identifiable immédiatement.

Cela concerne des personnes qui, par exemple, ne sont pas à l'aise dans leur vie, qui reproduisent les échecs, les accidents, qui deviennent obèses, ou qui maigrissent dangereusement, etc.

Rappelons-nous que l'événement traumatisant peut paraître totalement anodin. Il remonte parfois à l'enfance. Il faut bien comprendre que la perception d'un enfant n'est pas celle d'un adulte, que ce que comprend l'adulte d'aujourd'hui, a pu être rejeté par l'enfant d'hier.

Là aussi, c'est l'émotion qui sera sous les projecteurs. Là aussi, les mots sont d'une grande importance. On remontera peu à peu dans le temps jusqu'à trouver des similitudes dans les situations, dans l'expression des émotions qui y sont rattachées. Si on peut trouver l'origine du malaise, c'est mieux, mais beaucoup de problèmes peuvent être réglés sans cela.

L'émotion étant isolée, elle peut donc être repérée au moment ou elle surgit. Il ne s'agit pas de la combattre, mais de la laisser venir, de la comprendre, puis de lui donner l'importance qu'elle doit avoir, en la séparant encore et toujours de l'événement, même si cet événement reste caché. Il s'agit de lâcher ce qui a pu exister. Il s'agit de faire les choix d'aujourd'hui, q*ui tu choisis d'être*, dirait la divinatrice.

4) Le cas de Po

Po a oublié les circonstances de son abandon. Ces circonstances sont douloureuses et effrayantes. Elles le sont assez pour que Po refoule ses souvenirs, des souvenirs qui réapparaissent dans ses cauchemars. Si nous analysons le rêve de Po sur le bateau, nous y retrouverons le choc de l'abandon, accompagné des éléments du réel qui lui ont été racontés (les radis), et des illustrations de ses peurs. Retrouver la mémoire est difficile car il faut alors affronter la vérité, une vérité qui fait peur. Il a peur de découvrir qu'il n'était pas aimé de ses parents parce que, tout simplement, il n'était pas aimable. Ces peurs expliquent son comportement, ses fringales, sa maladresse. Cesser la lutte pour laisser venir demande un certain temps de maturation.

Quand Po retrouve la mémoire, il revit toutes les émotions du bébé panda qu'il a été. La divinatrice aurait pu lui raconter ce qui s'est passé, mais la guérison n'aurait pas été totale. Elle aurait relaté les faits, mais les émotions se vivent dans le corps. Quand elle lui demande de choisir qui il est, elle remet l'événement à sa place, dans le passé, et le ramène au présent.

5) Le cas de Shen

Shen subit un choc quand il est rejeté par ses parents. Comme Po, il vit cela comme un abandon. Bien entendu, la situation n'est pas la même, le tempérament des personnages n'est pas le même non plus. Po se sent coupable : si ses parents ne l'aimaient pas, c'est qu'il n'était pas aimable. Shen se sent victime : ses parents ne pouvaient pas le comprendre puisqu'ils ne l'aimaient pas.

Le narcissique est aveugle à lui-même. Les autres doivent se plier à son raisonnement, à sa façon de vivre, à ses décisions. C'est pour cela qu'il est si difficile d'aider les personnes narcissiques. Elles ne voient pas pourquoi elles consulteraient. Pour elles, les autres ne les comprennent pas. Elles se sentent immédiatement injustement traitées.

Ainsi Shen a trouvé la solution : un panda l'empêchera de régner, il suffit de tuer tous les pandas. Il est très fier de son idée.

Si ses parents n'y adhèrent pas, c'est qu'ils ne comprennent rien. S'ils le chassent, c'est qu'ils ne l'aiment pas. Shen ne peut pas être responsable ou coupable, il ne peut être que victime. Il est supérieur aux autres. Ce qu'il considère comme son bien ne peut être que juste.

Il souffre de cette injustice. Il va donc fomenter sa vengeance pour continuer à exister, à briller. Pouvoir se venger a peut-être un pouvoir salvateur dans l'instant. Les personnes qui arrivent à se venger éprouvent une certaine jouissance. C'est pourtant rajouter des blocages à ceux qui existent déjà. C'est refuser de clore l'histoire d'une partie de sa vie, c'est une façon de rester dans le passé.

6) Vous y arriverez

J'entends déjà les : « Je n'y arriverai pas », « Je ne saurai pas ». Bien sûr, si vous pensez cela, non seulement vous vous trompez, mais vous partez perdants. Vous trouverez ici des conseils utiles, mais, c'est vrai, il n'y a pas de baguette magique.

Ces conseils doivent rester en vous, mais vous ne devez pas vous y attacher. Laissez parler votre cœur. Lui sait ce que votre intellect ignore. Lui comprend au-delà des mots, au-delà des sourires et des pleurs.

Vous saurez faire cela si vous ignorez la pitié pour entrer dans l'empathie. Vous ne devez pas vous mettre à la place de l'autre, car vous comprendriez alors ce que vous ressentiriez, vous-mêmes, dans ce cas. Vous devez devenir cet autre pour comprendre, non la souffrance que vous éprouveriez, mais sa souffrance à lui.

C'est cela le plus difficile à réaliser. Vous devez vous éloigner de votre ego en même temps que vous éloignez le patient du sien. Et bien sûr, pour cela, il n'y a pas de technique, il suffit d'aimer, de ne pas lutter et de laisser venir.

II - Abandon

Quelle qu'en soit la raison, l'abandon est vécu douloureusement par l'enfant comme par les parents, avec la victimisation, la colère ou la culpabilité.

1) L'abandon de Po

Po a été abandonné par des parents aimants qui n'ont vu dans ce geste, qu'une façon de sauver leur enfant de la folie de Shen et de ses loups. C'était un geste désespéré.

Pour Po, c'est l'ignorance des faits qui trouble sa vie, mais il n'est jamais dans le jugement. C'était déjà le cas dans le premier film où il était rejeté, mais n'avait de ressentiment envers personne sauf envers lui-même. Il aime les autres, c'est pour cela qu'il peut « servir ». Il ne fait peur à personne (sauf à Shen tant que celui-ci ne le connaît pas), parce que lui-même n'est pas dans la peur des autres. Cependant il craint leur rejet, il craint de ne pas être aimé ou d'être abandonné. La terrible épreuve de l'abandon et de la séparation a supplanté la peur des loups, puis a été refoulée.

Vous reconnaîtrez les personnes comme Po. Elles cherchent à se faire « adopter », multiplient les maladresses et reproduisent le schéma d'abandon. Savoir ce qui s'est passé est important pour elles pour qu'elles puissent se réconcilier avec elles-mêmes.

Parfois, il est impossible de connaître la vérité, il devient difficile alors, pour ces personnes, de trouver la paix.

Pour d'autres personnes encore, qui n'ont pas été abandonnées, mais qui ont perçu une situation donnée comme un abandon, vous reconnaîtrez les mêmes symptômes. On pourra essayer de retrouver cette situation, mais ce n'est pas indispensable. Il s'agira alors d'isoler l'émotion et de changer la donne.

Dans tous les cas, même si connaître l'événement de départ donne les plus belles pistes, n'oubliez pas de vous en détacher. L'événement n'est « rien » en lui-même. Il a eu lieu. Le plus important est comment il est vécu.

2) L'abandon de Shen

Shen a été rejeté par des parents aimants qui n'ont vu dans ce geste, qu'une façon de sauver leur enfant de sa propre folie. L'éloigner du pouvoir politique leur semblait la meilleure solution pour sauver Shen de lui-même, pour sauver la ville et ses habitants. Les parents de Shen en sont morts de chagrin.

Shen connaît l'autre puissance, celle des armes. Puisqu'il n'héritera pas de ce pouvoir, il le prendra de force. Shen est dans le jugement, mais il ne supporte pas d'être jugé. Il n'aime les autres que prosternés devant lui, tremblant de peur, ou à son service. Le prix à payer pour sa gloire n'est jamais assez fort. Il fait régner la peur parce qu'il a peur lui-même. La peur l'habite depuis la prédiction de son échec. Lui aussi aurait besoin d'être aidé. Cette prédiction a été un choc qui a fait naître en lui la crainte de perdre le pouvoir, les richesses, le respect des autres dont il jouit du fait de sa position. Il se sauve en écrasant les autres pour montrer sa puissance.

Les personnes comme Shen ne viendront pas vous voir, malheureusement, mais vous verrez leurs proches, surtout après les séparations parfois inévitables. Vous verrez parfois leurs collègues, leurs subalternes. Ils oscillent entre la victimisation et la culpabilité. Ils perdent leurs repères.

Vous devrez les faire exprimer ce qu'ils ont subi, mais surtout ce qu'ils ont accepté, car c'est là, au niveau de l'acceptation, que se trouvent les nœuds. Vous constaterez ainsi par exemple chez certaines personnes, que même quand ils sont partis (séparation, démission, etc), ils se sentent coupables d'avoir tout accepté, puis se reprochent de ne plus pouvoir le faire. Ils ont le sentiment d'abandonner leur bourreau.

CONCLUSION

Notre étude du deuxième volet des aventures de Po se termine. Bien sûr, nous n'avons pas tout analysé, et je vous invite à regarder ce film plusieurs fois pour en saisir tous les messages.

Nous avons beaucoup à apprendre des situations et des personnages de ce film. Il nous permet de cheminer vers nous-mêmes tout en nous divertissant. N'est-ce pas agréable ? L'humour est un précieux atout sur la voie de la paix intérieure.

Il aura été l'occasion d'apprendre, au moins en partie, à gérer les traumatismes qui jalonnent inévitablement la vie, la nôtre et celle des autres.

C'est loin d'être facile, mais je vous rappelle le conseil de la divinatrice :

Cesse de lutter, laisse venir

Kung Fu Panda 2 – La voie de la paix intérieure

ANNEXE 1

Ce texte est tiré de « Recueil de L'Être »

AIMER

Tu le sais, notre grand travail, dans ce monde est d'aimer.

Nous croyons tous savoir ce que ce mot signifie, mais crois-moi, nous ne connaissons, le plus souvent, que les sentiments que nous éprouvons pour nos proches. Et il ne s'agit pas de cela.

L'amour matière est souvent égoïste, mais il existe pour devenir une passerelle vers l'amour véritable. Nous croyons aimer les autres, mais en fait, …nous nous aimons nous-mêmes.

Nous ne pouvons nous concevoir et concevoir l'autre, que dans cette vie-ci, dans cette incarnation.

Nous ne comprenons pas que cette vie, cette incarnation, n'est qu'étincelle dans une Vie avec un grand V.

L'amour dont je te parle est plutôt cet amour inconditionnel, qui nous fait devenir l'autre et ne souhaiter que son évolution, sa progression spirituelle, sa compréhension profonde du monde.

C'est aussi celui qui nous permet de nous oublier nous-mêmes, en tant qu'incarnation, et nous retrouver en tant que « soi » incarné.

Cet amour-là englobe l'infime et l'immense. Il s'arrête sur le détail pour le comprendre et le restituer dans l'ensemble. Cet amour-là intègre le rien et suppose le tout.

Il oublie les différences parce qu'elles n'existent pas. Il dépasse l'identification au corps pour découvrir l'esprit.

Cet amour-là peut tout. Il peut transformer, et tout guérir. Il peut tout comprendre. Il ne calcule rien, n'attend rien. Il s'offre et ne reprend jamais ..... Il « Est » ami, ...il « Est »

Et même si l'amour matière te remplit de bonheur, le véritable amour t'inonde de paix et de lumière. C'est l'amour divin, et les mots sont bien étroits pour le contenir.

Alors ! Demande-toi….

Combien d'amour matière
Faudra-t-il encore vivre
Combien de cœur de pierre,
Faudra-t-il faire revivre
Marchons ami, main dans la main,
Et l'amour divin,
Voudra naître demain.

ANNEXE 2

Ce texte est tiré de « Recueil de L'Être ».
À lire pour favoriser une visualisation apaisante.

Mon âme est tourmentée

Ami
Frêle jonque voguant sur le lac de ton âme

Tu vis tes épreuves dans l'inquiétude, et tu te demandes comment calmer les tourments de ton cœur.

Rêvons un peu…..

Si tu représentais ton cœur, ton âme, les protections que tu t'imposes, sous forme de paysage, qu'imaginerais-tu?

Peut-être verrais-tu un frêle esquif, sur un lac entouré de montagnes……

Le lac serait ton âme…

Qui paraît lisse, mais qui peut créer des remous et des vagues, qui est profond par endroits, un peu moins à d'autres, qui abrite une vie cachée et affiche une vie apparente, que l'on croit saisir et glisse entre les doigts,
Qui peut t'abreuver,
Qui peut laver ton corps.

Les montagnes seraient les remparts que tu te construis pour te protéger.

Tu les couvrirais de végétation, comme un manteau verdoyant qui cacherait les blessures de ta vie.

Tu y planterais des arbres vigoureux qui retiendraient la terre et les roches, comme tu retiendrais tes larmes et chasserais les souvenirs douloureux.

Et, comme ces montagnes seraient là pour te protéger et non pour t'isoler, tu grimperais, armé d'un simple bâton, pour t'aider dans ta marche comme tu affronterais les expériences de ta vie.

Enfin, arrivé au sommet, tu regarderais le paysage et découvrirais la petitesse de ce bateau, naviguant sur cet immense lac.

Et que serait ce bateau ?...... Je crains que ce ne soit ton corps !

Ce corps si exigeant, qu'il faut soigner, protéger, qui prend tant de place dans nos vies qu'il nous fait oublier l'importance de l'esprit. Ce corps si grand et si petit à la fois !

Mais, que serait ce bateau sans navigateur ? Que serait le corps sans l'esprit ?

Alors ! Vogue matelot ! Largue les amarres, laisse le vent gonfler ta voile si fragile !

Et glisse……..va………..
Mais ami….. Tiens bien la barre !

Tu es le maître de ta jonque et ….maître de ta vie.

Que la lumière inonde les paysages merveilleux de ton âme,

TABLE DES MATIERES

LA COLLECTION DE L'ŒIL A L'ÊTRE 9
INTRODUCTION 13
SYNOPSIS ET FICHE TECHNIQUE 15
   I   - Synopsis 15
   II - Fiche technique 15
   III - Distribution 16
   IV - Box-office France 17
   V   - Sortie DVD 17

LES PERSONNAGES 19
   I   - Nous retrouvons certains personnages 19
   II - Nouveaux personnages 21
   III - Personnages comparés 25
       1) Tous deux sont habités par l'ambition. 25
       2) Tous deux se mettent en scène. 26
       3) Tous deux doivent trouver la paix intérieure. 26

LES SCÈNES 29

COMPRENDRE 39
   I   - Trouver la paix 41
   II   - L'illusion du contrôle 42
   III - Le bonheur ça se prend de force. 42
   IV - Le problème vient de moi 43
   V   - Le Yin et le Yang 44
   VI - L'emprise de l'ego 45
   VII - Le fleuve intarissable de nos pensées 47
   VII - Le présent, le plus important de tous les temps 48
   VIII - Cela ne fait pas de toi ce que tu es. 49

À L'ÉCOUTE DES AUTRES **51**

I - Traumatismes **53**
   1) Le choc peut être clairement identifiable sans perte de mémoire..54
   2) Le choc peut être clairement identifiable avec perte de mémoire. 55
   3) Le choc n'est pas identifiable immédiatement............................56
   4) Le cas de Po 57
   5) Le cas de Shen 58
   6) Vous y arriverez 59

II - Abandon **60**
   1) L'abandon de Po...60
   2) L'abandon de Shen 61

CONCLUSION **63**

ANNEXE 1 - Aimer – Texte Recueil de l'Être.. **65**
ANNEXE 2 – Mon âme est tourmentée – Texte Recueil de l'Être......... **67**

Collection « de l'œil à l'Etre »